グループ聖書研究のために

テサロニケⅠ・Ⅱ
ヨハネⅡ・Ⅲ、ユダの手紙

── 主を待ち望みつつ ──

M. クンツ／C. シェル 共著

JN113594

聖書を読む会

1&2 Thessalonians, 2&3 John, Jude:
As You Wait for the Coming of the Lord

Japanese translation is under license to
Seisho o Yomu Kai ©2013

目次 Contents

さあ始めましょう！
―手引の使い方―

　この手引は、小グループでディスカッションをしながら聖書を学んでいくための質問集です。聖書が何を言っているのかを自分自身で発見していく助けになります。自分で発見したことや自分の言葉で表現したことは、記憶に残り、生活に生かされていくことでしょう。

✤ 手引の特徴 ✤

　この手引には３つの種類の質問があります。

1. その聖書個所には何が書かれているか〔観察〕
2. そのことは何を意味しているか〔解釈〕
3. その聖書個所の教えをあなたの生活にどのように生かすのか〔適用〕

　観察質問の答えは、単純なものですが、とても大切です。とばさずにしっかりと見ていきましょう。私たちは思いのほか書かれていることを見落としてしまうものです。

　聖書を学ぶ目的は、ただ聖書の教えを知るだけでなく、それを生活に適用することです。あなたの考え方や行動、人間関係、人生の方向性を変えていくように聖書を学んでいきましょう。

♣ 学びの進め方 ♣

1. 聖書は学ぶ価値があるという確信をもって学びましょう。

2. グループの中のひとりが司会者になります。司会者は、質問をする人であって、意見や答えを承認、または、否定して正すというような立場ではありません。また、指定されている聖書個所のすべての意味を説明する必要もありません。

3. 司会者が質問をしますが、司会者とグループの対話ではなく、参加者の間を話が行き交う話し合い（ディスカッション）となるのがよいでしょう。

4. あなたの考えや意見を率直に分かち合いましょう。お互いを尊重して、礼儀正しく話し合いましょう。意見の相違について、すべてを解決しようとする必要はありません。

5. グループの全員が手引をもつことをお勧めします。

6. 各課は1時間〜1時間半で学べるようになっていますが、グループの必要に応じて時間配分をするとよいでしょう。予習をしておくと、スムーズに学びを進めることができ、理解も深まるでしょう。

7. 必ずしも全員が同じ訳の聖書を使う必要はありません。別の訳が理解を深めることもあります。
   ※この手引は新改訳聖書に準拠していますが、新共同訳聖書との違いは [　] で記しています。

8.　グループ全体で、脱線をしないよう意識しましょう。

9.　辞書や地図も学びの助けとなるでしょう。

10. 時間通りに始め、時間通りに終わりましょう。

11. グループの人数が増えて10名以上になったら、グループを2つに分ける
　　とよいでしょう。大きなグループでは、自由な発言がしづらくなります。

12. 司会は毎回交替でするとよいでしょう。グループ全員が司会をする
　　と、自分たちのグループであるという意識が強くなります。

✤ あなたが司会者の時 ✤

1.　準備の時に、聖書に書いてあることがよく理解できるように、神の
　　助けを求めて祈りましょう。

2.　予習の時に、聖書個所を繰り返し読んでおきましょう。できれば
　　いくつかの訳を参照するとよいでしょう。また、簡単に答えられる
　　質問と時間がかかりそうな質問とを見分けておきましょう。

3.　始める時間を守りましょう。

4.　開会の祈りは、司会者自身がするか、あるいはあらかじめ他の人
　　に頼んでおきましょう。

5. 聖書の指定個所を誰かに読んでもらいましょう。段落ごとか内容のまとまりごとに読んでもらうのがよいでしょう。

6. 質問を読んでから、グループからの答えを待ちます。参加者は、質問を聞いて考える時間が必要です。少々の沈黙があっても問題ありません。様子をみて質問の文章を別の表現で言い換えます。司会者が自分で答えるのはなるべく避けましょう。また、学んでいるなかで、すでに答えが出た質問はとばしましょう。

7. グループの全員が発言するように励まします。必要ならば「他の方はどのように考えますか」「他に加えることはありませんか」などと質問してみましょう。

8. どのような答えが出ても温かく受け止めましょう。

9. 脱線し始めたら、グループ全体に働きかけて、話題を元に戻しましょう。

10. まとめの質問をして、時間通りに学びが終わるようにします。祈って終わりましょう。

11. 次の学びはどこでするか、誰が司会者になるかを決めておきましょう。

豊かな学びのための*3*つの提案

1. 学んでいる聖書の個所からそれないようにしましょう

他の聖書の個所を引用する時は、グループ全体で以前に
学んだところや手引にある参照個所にとどめましょう。

2. 脱線を避けましょう

学んでいる聖書の個所に関係のない話題が出てきた時は、
そのことに時間をさくのはやめましょう。

3. 権威は聖書にあります

聖書自体から答えを見い出しましょう。他の書物から引
用したりせず、なるべくその時学んでいる聖書の個所か
ら発見するようにしましょう。

前 書 き

　あなたがたを、つまずかないように守ることができ、傷のない者と
して、大きな喜びをもって栄光の御前に立たせることのできる方に、
すなわち、私たちの救い主である唯一の神に、栄光、尊厳、支配、
権威が、私たちの主イエス・キリストを通して、永遠の先にも、今も、
また世々限りなくありますように。アーメン。

（ユダの手紙 24 - 25 節）

　何という祝福でしょうか！　これは、いかなる時にも、御力をもっ
て私たちを守ってくださる神へのあふれるばかりの賛美です。こ
の祝祷は、初代教会の指導者であったユダによる手紙の結びとし
て記されています。

　紀元1世紀に生きたパウロ、ヨハネ、ユダは教会の必要に応えて
手紙を書きました。その手紙の中で彼らは、現実の問題に対処し、
適切な警告や助言、また励ましを与えています。同時に、イエスの
再臨という、すぐにでも訪れようとしている出来事に備えて、どの
ように生きるべきかを教えています。

　イエスが昇天された直後に御使いが現れ、弟子たちに次の約束を与えました。

　「あなたがたを離れて天に上げられたこのイエスは、天に上って行かれるのをあなたがたが見たときと同じ有様で、またおいでになります。」 （使徒の働き1章11節）

　テサロニケの人々は、再臨とは何なのか、それに備えてどう生きるのか、という教えを必要としていました。テサロニケの人々だけでなく、どの時代のクリスチャンも、同じ疑問を抱き、格闘しています。もしあなたも、イエスがすぐにでも地上に戻って来られると本当に信じているのなら、どのように今を生きるのでしょうか。テサロニケ人への手紙第一、第二、ヨハネの手紙第二、第三、そしてユダの手紙は、その疑問に答えています。

—— Q Place 出版部

テサロニケ人への手紙　第一
[テサロニケの信徒への手紙　一]

はじめに

　紀元1世紀のテサロニケは、ギリシヤのマケドニア地方で栄えた大きな港町でした（66-67ページにある地図を参照）。エーゲ海沿岸に位置し、ローマの2つの主要な道路が交差する所にあったため、ヨーロッパ・アジア間の貿易に欠かせない町でした。

　パウロとシラス、そしてテモテは、紀元50年ごろにテサロニケを訪れ、短い期間滞在しました。使徒の働き17章によると、パウロは3回の安息日にわたって、キリスト（メシヤ）についての聖書の教えを説明し、その結果、幾人かのユダヤ人と神を敬う多くのギリシヤ人がイエスを信じました。ねたみにかられたユダヤ人は、暴動を起こし、パウロたちを町から追い出してしまいました。しかしその後、回信者たちの信仰と、その変えられた生き方についての評判は、マケドニアとアカヤ地方（現在の北・南ギリシヤ）のいたる所に広がっていったのです。

　パウロはテサロニケを離れた後も、信仰を持って間もないクリスチャンを気遣い、テモテを彼らの所に遣わしました。そして、テモテがパウロのもとに戻って来て伝えたことは、パウロの大きな慰めとなりました。テサロニケのクリスチャンは、迫害の中でもくじけることなく、堅く信仰に立っていたのです。またテモテは、テサロニケの人々を混乱させている事柄についてパウロに報告しました。パウロは彼らを励まし、また疑問に答えるためにコリントから手紙を書きました。この手紙は、パウロが教会に宛てて書いた最初の手紙だと考えられています。

背景と概要

使徒の働き 17：1−10、I テサロニケ 1−5章

1課

　自分が尊敬し教えを受けていた人と別れた後に、疑問がわいてきて、もっと聞いておくべきだったと後悔した経験はありますか。

　パウロがテサロニケの人々に書いた最初の手紙には、生まれて間もない教会に対するパウロの牧会的な配慮がにじみ出ています。パウロのテサロニケでの滞在は、迫害者によって短く断ち切られてしまったため、教会は経験のある指導者がいない状態に置かれてしまいました。この手紙には、そのような教会が抱えていた疑問とそれに対するパウロの知恵深い答えが記されています。

使徒の働き［使徒言行録］17：1−10

1 巻末（66−67ページ）の地図を見て、使徒の働き17章1節に書かれている都市（アムピポリス［アンフィポリス］、アポロニヤ［アポロニア］、テサロニケ）を見つけてみましょう。

2 パウロは、テサロニケの町で、いつ、どこで、何を論じ伝えましたか（1−3節）。

3 イエスについて伝えられたことに対して（2−3節）、人々はどのような応答をしましたか（4−10節）。

> 注）4節の「神を敬うギリシヤ人」［神をあがめる多くのギリシア人］とは、ユダヤ教に正式に改宗しないまでもユダヤ教の教えに従っている人たちのことです。

4 あなたの周りにいる人々は、キリスト教やイエスに対してどのような応答をしていますか。前向きな応答ばかりでなく、否定的な応答

もあるでしょう。話し合ってみましょう。

5　あなたがテサロニケ教会の一員だと想像してください。暴動の中で
　　パウロたちを何とか逃がそうとしています。あなたはどのような気
　　持ちでいるでしょう。

　これまで、テサロニケ教会が誕生した背景を使徒の働きから見てきまし
た。それでは、その教会にパウロが書いた手紙を読んでいきましょう。

❁ テサロニケ人への手紙　第一

6　以下の質問を考えながら、手紙の全文を1章ずつ分担して読みましょう。
　　a. パウロとテサロニケの人々は、どのような関係だと思いますか。

　　b. 手紙を読んで、あなたが興味を持った点は何ですか。

♣ まとめましょう ♣

1　テサロニケ教会の人々はどのような教えと励ましを必要としていま
　　したか。

2　パウロはこの手紙を通して何を伝えたいのだと思いますか。

3　もしあなたがテサロニケの教会の一員だったら、この手紙が読まれ
　　た時どのように感じると思いますか。

4　ユダの手紙24−25節は、時代を越えて教会で使われてきた祝福の

ことばです。この手引の内容に対するふさわしい応答とも言えます。
この学びをしている間に、グループみんなで暗唱出来るようにしましょう。

・祈り・

主よ、テサロニケ教会の人々のように、
私たちも伝えられた福音を信じることによって
変えられました。
私たちに福音を伝え、成長を助けてくださった方々に
感謝します。
信仰を持ったことで困難が生じても、
あなたを信頼し続けることができますように。
私たちが、指導者たちの教えに
心を開くことができるように助けてください。
指導者がいない時でも、私たちがあなたのために
生きることができるように助けてください。
私たちの行いが主にある信仰と愛と希望に満たされて、
主に栄光を帰することができますように。

イエス・キリストの御名によって祈ります。
アーメン。

2課 模範になろう
Ⅰテサロニケ 1章

人は知らず知らずのうちに、周囲にいる人の行動にならっていくものです。子供は、親のことばや口調、しぐさなどの真似をします。青年たちは、良きにつけ悪しきにつけ、仲間に自分を合わせてしまいます。悪い習慣から抜け出したい人は、良い模範となる人の助けが必要でしょう。

テサロニケの教会は、生まれて間もない教会でしたが、この教会が主とパウロにならうものとなり、また、彼ら自身も諸教会の模範になっていました。テサロニケのクリスチャンが、あなたにとって、また今日の教会にどのような模範となっているのかを見ていきましょう。

＊あなたが模範としている人を思い浮かべてみましょう。その人のどのようなところを見ならっていますか。なぜですか。

Ⅰテサロニケ 1:1-10

1 パウロ、シラス、そしてテモテは、テサロニケのクリスチャンのために祈る時、彼らのどのようなことを思い起こしていますか（2－3節）。

2 「信仰の働き」、「愛の労苦」、「望みの忍耐」［信仰によって働き、愛のために労苦し、希望を持って忍耐している］というパウロのことばから、テサロニケ教会の置かれている状況はどのようなものだと想像できますか（6節、2章14節参照）。

3 信仰の友の様子を知ることで、その人に対するあなたの祈りや関わりかたはどのように変わりますか。

4　パウロはなぜ、テサロニケのクリスチャンが神に選ばれた者であると確信しているのですか（4－6節）。

5　あなたが信仰を持った時、どのような聖霊の導きと助けがありましたか。

6　a. 人が福音を受け入れようとする時、苦難が伴うことがあります（使徒17章4－10節）。にもかかわらず、福音を受け入れ喜びが生じるのはなぜですか（6節）。

　　b. あなたの知り合いに、そのような体験をした人がいますか。

7　テサロニケのクリスチャンはどのような点でパウロと主とにならっていますか（6－7節）。

8　a. テサロニケのクリスチャンによって、広く伝わった2つのことは何ですか（6－8節）。

　　b. 信仰者として模範的な生き方をしている人と出会ったことがありますか。そのような出会いは、あなたの信仰生活にどのような影響を与えましたか。

9　パウロたちはどのような点でテサロニケのクリスチャンを喜ばしく思っていますか（8－10節）。

10　テサロニケのクリスチャンが信仰を持つ以前の姿、パウロたちに出会って信仰を持った今の姿、約束されている将来の姿はどのようなものでしょうか（9－10節）。

♣ まとめましょう ♣

1 テサロニケのクリスチャンについて、あなたが教えられ、励まされたことは何ですか。

2 あなたの教会は、彼らのどのような点にならうことができると思いますか。

3 あなたが親しくしている人々のことを思い浮かべてください。その人たちは、あなたの生き方や言動のどのような点に影響を受けていると思いますか。

・祈 り・

神様、テサロニケのクリスチャンの喜びと信仰と忍耐は、
あなたに従う生き方の模範です。
私も、誰かの模範になっていることを
自覚していられますように。
あなたに喜ばれる生き方をして、
私のことばと行い、価値観、そして信仰が、
よき模範となるように助けてください。
御子を待ち望む者として、生けるまことの神であるあなたに
仕えていけるように、私を強めてください。

イエス・キリストの御名によって祈ります。
アーメン。

3課

人ではなく、神からの賞賛を求めよう

Iテサロニケ 2:1－16

　偉業を成し遂げ、賞賛されて喜ばない人がいるでしょうか。家庭で、学校で、教会で、また職場で良い働きをした時に、ほめられるのは当然でしょう。しかし、良い行いは人に気づかれなかったり、誤解されたりすることもあります。その時私たちは、「自分はいったい、誰を喜ばせようとしているのか」と問わなければなりません。神は、良い行いとその動機を知っておられます。

＊神に喜んでいただく決断をするのに、戦いを覚えたことがありますか。その時あなたは、どのような判断をしましたか。あるいは、どうすればよかったと思いますか。

　パウロは迫害を受け、不当に訴えられ、誤解されるようなことがあったとしても、決して人からの賞賛を求めず、神に喜ばれることを求めて生きていました。このパウロの生き方から、私たちが神に喜ばれる歩みをするための大切な視点を学ぶことができます。これから学ぶパウロのことばは、人がどう思うかよりも神がどう思われるかを求めるように、あなたの心と生き方を励ましてくれることでしょう。

Iテサロニケ 2:1－12

1　a. 2節で、パウロはピリピ［フィリピ］での苦難について言及しています。 66－67ページの地図でマケドニアのピリピの位置を確認しましょう。

　　b. 使徒の働き16章11－40節を読んで、パウロとシラスがどのような苦しみにあったのか、またそれはなぜかを調べましょう。

2 テサロニケの教会の中には、パウロたちの教えを誤解して訴えている人々がいたようです。3－8節には、その訴えに対するパウロの答えが記されています。パウロは自分の動機と行動をどのように説明していますか。

3 a. 訴えていた人々は、どのようなことを言っていたようですか。

   b. 自分が「神に認められて福音をゆだねられた者」（4節）であると知ることによって、あなたの生き方はどのように変わると思いますか。

4 パウロたちが教会に仕えてきた思いは、どのように表現されていますか（7－12節）。

5 あなたと関わりのある人が、本気であなたを気遣い、あなたの最善を願っていると知ったなら、あなたの態度や行動はどのように変わりますか。

6 パウロはどのようにして、テサロニケのクリスチャンの負担にならないようにしましたか（9節）。

   注）パウロの職業は天幕［テント］作りで、マケドニアとアカヤ地方のどこででも働くことができました（使徒の働き18章1－3節参照）。

7 パウロは、「あなたがたが知っているとおり」（1－2、11－12節）、「覚えているでしょう」（9節）、「あかしし」（10節）という表現を使って読者を巻き込みながら語っています。テサロニケのクリスチャンは、何を「知り」「覚え」さらに「あかししている」のですか。

8 a. パウロはテサロニケにいた時、信仰を持ったばかりの彼らにどのように関わっていましたか（11－12節）。

b. あなたが信仰を持ったばかりのころ、周りのクリスチャンはあなたに対してどのように関わってくれましたか。

Ⅰテサロニケ 2:13 － 16

9　テサロニケのクリスチャンは、パウロと彼のメッセージにどのように応答しましたか（13節）。

10　テサロニケの教会が経験した苦難は、ユダヤの諸教会が経験した苦難とどのように似ていますか（14－16節）。

注）ユダヤとエルサレムの位置を66－67ページの地図で確認しましょう。エルサレムは、イエスが殺され教会が始まった町です。

11　あなたがクリスチャンになった時、どのような困難がありましたか。

12　あなたは、ほかのクリスチャンの信仰の成長を助けていると意識することがありますか。または、成長を妨げてしまったことがあるでしょうか。分かち合ってみましょう。

13　パウロは何を感謝していますか。また、なぜ彼らを励ます必要があったのですか。まとめてみましょう。

♣ まとめましょう ♣

1　パウロには、指導者としてのどのような資質がありますか。

2　あなたは、そのなかでどの点を見ならいたいと思いますか。それはなぜですか。

21

3 続けてユダの手紙24-25節の暗唱に取り組みましょう。

父なる神様、パウロは苦しみの中でさえ、
人にへつらうことなく、あなたのみこころに従いました。
その生き方に私たちは励ましを受けます。
また、信仰を持ったばかりの人々に対して示された、
パウロの細やかな配慮に心を打たれます。
彼は母のように教会を気遣い、
賢い父のようにクリスチャンを励ましました。
どの時代もあなたの教会は、
迫害や侮辱、そして反対に苦しんでいます。
あなたはテサロニケの人々に福音を委ねられたように、
今日私たちに福音を委ねてくださいました。
私たちはどれほどあなたのために
心を尽くして生きているでしょうか。
この時代に信仰を伝えていくために、
どれほどの困難に耐えようとしているでしょうか。
どうかパウロや初代のクリスチャンのように、
あなたに忠実に仕える者となれるよう助けてください。

イエス・キリストの御名によって祈ります。
アーメン。

4課

大きな喜びを期待しよう

Iテサロニケ 2:17－3:13

　　あなたの大切な人と連絡が取れずに、心配を募らせた経験はありますか。相手からの連絡を待っている時の気持ちを想像してみてください。

　　テサロニケに派遣したテモテの帰りを待っていた時のパウロは、まさにそのような気持ちだったでしょう。テモテが持ち帰ったテサロニケの人々の様子は、パウロを大いに喜ばせました。

＊喜びをもって何かを期待しつつ待つ、という経験をしたことがありますか。

Iテサロニケ 2:17－20

1　なぜパウロは、いらだちと喜びが混じりあった思いをしているのでしょうか。

2　19節でパウロは、主イエスが再び来られる時、主の御前で彼が誇るのは、信仰を持って間もないこの人たちだと言っています。また、彼らこそが、パウロたちの誉れであり、喜びだとも語っています。これを聞いてあなたは、どのように感じますか。

3　あなたが誰かにこのように言われたと想像してください。その人にとって、あなたがどれほど大切な存在か考えてみましょう。どのように励まされますか。

4 パウロはなぜ、テモテをテサロニケへ遣わしたのですか。

5 2−3節を読み、迫害下にある教会に遣わされるテモテと、彼に委ねられた任務について、感じたこと、考えたことを話し合いましょう。

6 パウロはテサロニケの人々とともにいた時、やがて来る苦難に対してどのように備えさせましたか。

7 信仰を持ったばかりの人にとって、苦難や迫害はどのような影響をもたらすと思いますか。1−5節のパウロのことばも参考にしながら考えてみましょう。

8 a. あなたが信仰のゆえに困難な状況に立たされている時、もし、テモテのような人が駆けつけてくれたら、あなたはどのように感じますか。

   b. 困難な状況に立たされているクリスチャンのために、あなた自身はどのようにして、テモテのような役割を果たすことができますか。

Iテサロニケ 3:6 −10

9 テモテは、テサロニケの人々の信仰による生き方をパウロに報告しました。パウロはそれをどのような気持ちで受け止めましたか（6 −10節）。

10 伝道者であるパウロと彼の同労者たちは、何に喜びを感じていますか。

11 あなたはパウロたちのような喜びを経験したことがありますか。

12 テモテは、テサロニケの人々がパウロをどう思っているかを伝えました。それを聞いて、パウロはどのように祈っていますか（10節）。

注）使徒の働き17章によると、パウロとシラスは、テサロニケに滞在して間もなく、ユダヤ人たちの迫害から逃れるためにその町を出なければなりませんでした。

Ⅰテサロニケ 3：11－13

13 a. パウロが祈り求めていることを3つあげて、その祈りを自分のことばで言い換えてみましょう。

　　b. この祈りから、信仰者が求めていくべきことが分かります。それは何ですか（12－13節）。

14 13節は、あなたに与えられている究極的な望みについてどのようなことを教えていますか。

注）「聖徒」「聖なる者たち」とは、再臨の時にイエスとともに来る御使い、あるいは、死んでよみがえった信仰者たちを表していると思われます。

❀ **まとめましょう** ❀

1 a. パウロがテサロニケのクリスチャンの信仰を心配し励ましてきたことを学びました。あなたは、最近信仰を持った人に対して、どのようにしてパウロのような配慮を表すことができるでしょうか（3章2、5、10節参照）。

b. 引越しなどで環境が変化した人に対して、パウロならどのような
　　配慮をするでしょうか。あなたは、どのようにパウロを見ならう
　　ことができますか。

2　初代のクリスチャンは、主イエスが再び地上に戻って来られるのを喜
　　びのうちに待ち望んでいました。今まで学んできたことから（2－4
　　課）、主の再臨について、またそれを待ち望みつつ生きる姿勢につい
　　て、あなたはどのようなことを学びましたか。印象に残っているこ
　　とを分かち合いましょう。

・祈り・

主よ、私の愛を増し加え、その愛がほかの人々へと
溢れ出てゆくようにしてください。
私は思いを尽くし、心を尽くし、力を尽くして
あなたの望まれることを行いたいと思います。
どうか、あなたのみこころにかなう生き方ができるように私を強め、
あなたが再び来られる時に、
聖く、責められるところのない者としてください。
そのような喜びと栄光を期待して
歩むことができるようにしてください。

イエス・キリストの御名によって祈ります。
アーメン。

5課

神に喜ばれる歩みをしよう

Iテサロニケ 4章

　パウロは、十分に教える時間もなく別れた、テサロニケのクリスチャンのことを心配していました。彼らが置かれている社会では、性的な感覚が乱れて不品行（結婚以外の性的な関係）が当然のように行われていました。そのような影響を受けて、クリスチャンの間でもどのような基準を持って生きたらよいのか混乱していたのです。また、先に死んだ信仰者はどうなったのか、という心配をする人々もいました。

　パウロは、テサロニケのクリスチャンが導きを必要としていた事柄に対して、丁寧に教えています。性的な誘惑にどう対処すべきか、互いにどのように関わりあうべきか、仕事への姿勢、そして主の再臨について語っています。当時も今も、神に喜ばれる生き方を選択するのかどうかが問われています。

＊「神に喜ばれる生き方」と聞いて、どのようなことを思い浮かべますか。

Iテサロニケ 4:1-8

1　a. １－２節で、パウロはこれから教会に勧告しようとすることを記しています。パウロは何をよりどころとして、テサロニケの教会に命じていますか（２節）。彼が願っていることは何ですか（１節）。

　　b. 性的に乱れ、不品行が横行している社会に影響を受けていたテサロニケの教会に対して、これから厳しい訓戒を与えようとしているパウロは、誰に向かって１節のような励ましのことばをかけているのだと思いますか。

c. 教会の中で正しいことをするのに、なぜ励ましが必要なのでしょうか。

2 私たちは、様々な面において、「どうしたら神のみこころがわかるのか」と考えます。3－8節で述べられている、全てのクリスチャンに対する神のみこころとは何でしょうか。

> 注)「聖くなる」「聖なる者となる」(3節)とは、分けられて神に属する、神と同じ資質を示す、という意味です。

3 a. クリスチャンの性に対する姿勢は、どうあるべきだと教えられていますか(3－6a節)。それは、一般社会の価値観と比べるとどのような違いが見られますか。

b. どうしたらあなたの「からだ」(4節)を聖く、尊いものとして保つことができますか。[どうしたら汚れのない心と尊敬の念をもって、「妻」と生活をすることができますか。]

> 編集者注)新改訳聖書欄外注に、4節の「からだ」は別訳「妻」と記されています。新共同訳では「妻」と訳しています。

4 6－8節で、パウロは今まで教えてきたことの重要さをどのように表現していますか。

5 神がクリスチャンに与えられる聖霊(8節)と神がクリスチャンに求める生き方(3－7節)には、どのような関わりがありますか。

Ⅰテサロニケ 4:9－12

6 教会内での愛について褒めた後(9－10節)、パウロは命令を与えています。3つあげましょう(11節)。

7 テサロニケのあるクリスチャンは、キリストの差し迫った再臨を期待するあまり、間違った行動を取るようになったようです。11節のパウロの命令から推測すると、どのようなことが問題になっていたと思われますか。

8 a. パウロがそのように命令した理由は何ですか（12節）。

  b. 教会内での助け合いということを考えた時、この個所から何を学ぶことができますか。

Ⅰテサロニケ 4:13 −18

9 テモテは、テサロニケのクリスチャンが抱いていた疑問をパウロに伝えました。彼らの疑問がどのようなものだったか推測してみましょう。

10 すでに亡くなった信仰者について、パウロは何と言っていますか（13−14節）。

11 パウロは、クリスチャンは悲しむべきではない、と言っているのではありません。しかし、悲しみの中にも、ほかの人とは違った視点と希望があることを語っています。クリスチャンは死別という悲しみを、どのようにとらえたらよいでしょうか。

12 a. 16−17節に書かれている出来事の流れを個条書きにしてみましょう。

  注）「引き上げられる」と訳されたことばは、力強さと突然さが組み合わされた意味を持っています。17節の「会う」［出会う］と訳されていることばは、その当時、ギリシヤ語が話されていた社会で使われていた専門用語で、公式の歓迎を表す表現です。当時、王が町に入る時、代表市民や役人が町の外に出て、王を出迎えました。王は、彼らとともに町に入城してきたのです。

b. パウロが語るイエスの再臨についての教えは、あなたの再臨の理解をどのように深めましたか。

♣ まとめましょう ♣

1 あなたは、神に喜ばれる歩みをしていますか。性に関すること、仲間のクリスチャンへの愛、そして仕事に関することについて考えてみましょう。

2 あなたは自分や愛する人の死を恐れることがあるかもしれません。再臨と復活に関する教え（13－18節）によって、どのような希望が与えられましたか。

3 続けてユダ24－25節の暗唱聖句に取り組みましょう。少しずつ区切って、順番で声に出すなどして暗唱しましょう。

・祈り・

主よ、私もテサロニケのクリスチャンのように、
より聖くなり、より深くみこころを知り、
そしてみこころを行うことができるように助けてください。
あなたが私たちのもとに再び戻って来られ、
あなたを信じるすべての者がよみがえってあなたと会い、
いつまでもあなたとともにいられるようになる、
そのような希望に生きられることを感謝します。

イエス・キリストの御名によって祈ります。
アーメン。

6課 備えていよう

I テサロニケ 5章

何も準備をしていないのに、いきなり大切な試験を受けなければならない！

誰でも一度は、そのような悪い夢を見たことがあるでしょう。なぜ、そのような夢は恐ろしいのでしょうか。それは、備えていないことの結果を知っているからです。目覚めて、それが夢であったと分かった時に、心からほっとするのはそのためです。

テサロニケの人々は、主の再臨について、あれこれと心配していました。パウロは彼らの疑問に答え、主が戻られる時に備えながらも、喜びと希望を持って生きるように教えました。その教えは、私たちにとっても励ましとなります。

＊十分な準備ができて本番を迎えたという経験がありますか。その時のことを分かち合いましょう。よい備えの秘訣は何でしたか。

I テサロニケ 5:1-11

1　a. 2-3節では、イエスの再臨について語られています。どのような2つのたとえが使われていますか。

　　b. それぞれのたとえで、何を強調していますか。

　　注）「主の日」(2節)とは、旧約聖書に出てくる表現で、神が救いとさばきのために、将来歴史に介入される時を指しています。新約聖書では、キリストの再臨に関するすべての出来事を表わします。

2　「滅び」［破滅］は誰に臨み、誰に臨まないのでしょうか（1-5節）。

3 3−8節に書かれている2つのグループの特徴をそれぞれ個条書きにしてみましょう。

4 a. イエスが再臨されるまで、クリスチャンはどのように生きるべきですか（6−11節）。

b. それは、具体的にはどのように生きることですか。

c. あなたは自分の生き方を省みて、クリスチャンとしてもっと成長したいと思うことがありますか。

5 あなたを神の御怒りから守るものは何ですか（8−9節）。

6 9−10節によると、キリストの死は、私たちに何をもたらしましたか。

注）「神の御怒り」[怒り]（9節）とは、神が聖く義なるお方として、罪と悪に対して表される態度です。全てを裁かれる最後の日まで、神は憐みによって忍耐してくださっています。それは、特に神を信じるように選ばれた人々に対してそうなのです。イエスは、神の御怒りにふれる罪人が経験すべき苦悩と刑罰、そして死を、私たちの身代わりに経験されました。

Ⅰテサロニケ 5:12−22

7 パウロは、神を喜ばせることやお互いに励まし合うことについて、大変詳しく書いています。以下の点について、どのように教えていますか。

a. 指導者に対する姿勢（12−13節）

b. 互いに対する姿勢（13−15節）

c. 神を礼拝する姿勢（16−22節）

8 a. 12−22節に書かれたパウロの訓戒を読むと、テサロニケのクリスチャンが直面していた問題とはどのようなことだったと考えられますか。

b. 今、あなたは、テサロニケのクリスチャンと同じような問題に直面していますか。分かち合いましょう。

9 a. パウロとシラスは16−18節に書かれた生き方を、困難な状況のなかでも自ら貫いている人たちでした（使徒16章22−25節参照）。16−18節は、神があなたに望んでおられることです。それは、あなたが求めている神のみこころと、どのような違いがありますか。

b. 「すべての事について感謝する」とは、どのような状況にあっても感謝するという意味です。このことと、すべての状況を感謝することとは、どう違いますか。

　　　編集者注）例えば、苦難の中でも感謝することと苦難そのものを感謝することの違いです。

Ⅰテサロニケ 5:23−28

10 神についてどのようなことがわかりますか。神は召された人々に対して何をしてくださいますか（23−24節、4章7節参照）。

11 25−28節を読むと、パウロとその同労者たちが、誕生したばかりのこの教会とどのような関係を持っていたと考えられますか。

♣ テサロニケ人への手紙 第一　全体についてまとめましょう ♣

　パウロとその同労者たちは、再臨される主を待ち望みつつ、どのように生きたらよいかを教えました。以下の個所を復習し、あなたが励まされたことを分かち合いましょう。

　　　a. Iテサロニケ 1章9−10節

　　　b. Iテサロニケ 2章19節

　　　c. Iテサロニケ 3章12−13節

　　　d. Iテサロニケ 4章13、16−18節

　　　e. Iテサロニケ 5章2、9−11節

・ 祈 り ・

主よ、あなたが偉大な力を持って再び来られる時がいつかは、
私たちには分かりません。
しかし、あなたがそのように来られることは確かですから
感謝します。
今のこの世界が全てであるかのように考え、
生きることがないように私たちをお守りください。
あなたの再臨を待ち望みながらも、
今、与えられている責任を果たしていけるように助けてください。
聖い平和の神よ、
私たちを喜びと祈りと感謝にあふれる者としてください。

主が再び来られる時、私たちの霊、たましい、からだが
聖く責められるところがないようにしてください。
あなたが必ずそのようにしてくださると信じ、
感謝いたします。

イエス・キリストの御名によって祈ります。
アーメン。

テサロニケ人への手紙　第二

[テサロニケの信徒への手紙　二]

はじめに

　コリントにいるパウロのもとには、テサロニケから、さらに詳しい報告がもたらされました。クリスチャンになって間もないテサロニケの人たちの間には、主の再臨について様々な憶測が広がっていました。ある人々は、イエスが今にも来られるかもしれないと考えるあまり、目の前の生活に身が入らなくなっていました。またある人々は、迫害のゆえに苦しみ悩んでいました。パウロはこのような問題に対する指針を与えるために、第一の手紙のすぐあとに、第二の手紙を書きました。

　彼はイエスの再臨を待ち望みつつも、今与えられているなすべきことを大切に生活するよう励ましました。これは、どの時代のクリスチャンも見ならうべき信仰者の生き方です。

7課 神の義を信じよう

IIテサロニケ 1章

インド、インドネシア、スーダンなど、世界の様々な地域では今もクリスチャンがその信仰のゆえに迫害を受けています。ある人々はクリスチャンであるがゆえに教育が受けられなかったり、仕事に就くことができなかったりしています。家族に拒絶され、死の脅迫を受ける人々もいます。彼らの家庭やビジネスは破壊され、また、ある人は不当な理由で警察から尋問を受け、投獄され、拷問されています。しかし、義なる神はそのような不義を見過ごしておられるのでも、迫害で苦しむ彼らを見捨てているのでもありません。そのような中ですら、ご自身の義と愛に信頼するようにと求めておられるのです。

同じように、困難と不義に直面したテサロニケのクリスチャンは、その中でどのように応答して生きるのか選択が迫られていました。怒りと復讐で応じるか、それとも神の愛の御手を信頼していくのかが問われていたのです。

＊あなたは、あなたを困らせる人に対して、仕返しをしたいという思いに駆られたことがありますか。そのような思いにどのように対処しましたか。

IIテサロニケ 1:1－4

1 この手紙を書いた人と受け取った人について分かることをあげましょう（1－2節）。

注）「恵みがありますように」というあいさつは、ギリシヤ人の手紙のやり取りの中でいつも使われていた表現でした。「平安がありますように」は、ユダヤ人の間で使われていたあいさつです。

2 a. もう一度、3－4節を読みましょう。パウロたちが、テサロニケのクリスチャンについて、誇りに思っていることはどのようなことですか。

b. もしパウロが、あなたのことをこのように誰かに紹介したら、どのような気持ちがしますか。

3 a. テサロニケのクリスチャンは信仰を持って間もなく迫害を受けました。彼らの信仰と愛には、何が起こっていますか。

b. このことについての感想を分かち合いましょう。

4 信仰のゆえに迫害と困難にあっているクリスチャンについて、知っていることを分かち合いましょう。

IIテサロニケ 1:5－12

5 a. テサロニケの人々の忍耐と信仰は、どのようなことのしるし［証拠］ですか。

b.「ふさわしい者」（5、11節）とはどのような意味だと思いますか。

6 神は義なるお方であるとパウロは宣言しています。5－10節から、神の義について何が分かりますか。

7 a. 誰が神の刑罰に苦しむのですか。なぜですか（6、8節）。

b. 主イエスの福音に従わないとはどういう意味ですか。

c. 神を知り、福音に従う生き方とはどのようなものですか（Ⅰテサロ
ニケ1章5、9－10節も参照）。そのような人々に与えられる報
いとは何ですか。

8　a. 7－10節において、パウロは、主イエスが天から現れる日［来
られる日］について述べています。主イエスの福音を信じた人々
にとって、それはどのような日となりますか。

b. 福音を信じていない人々にとってはどのような日ですか。

9　a. パウロは、神の正しい裁きを思ってテサロニケのクリスチャンの
ために祈っています（11－12節）。この祈りの内容は、彼らが必
要としていることに応えていると思いますか。

b. あなたは、どのようなことが「神の御力によって全うされるよう
に」と願っていますか。

10　生き方を通してイエスの御名があがめられている人を知っていますか。

♣ まとめましょう ♣

1　「人生は不公平だ」と感じる時、この手紙に書かれている神の義に関
する視点は、どのような助けになりますか。

2　続けてユダ24－25節の暗唱聖句に取り組みましょう。

・祈 り・

主よ、私は自分の信仰が成長することを願っています。
主にある兄弟姉妹を愛することにおいても、
世の不正に立ち向かうためにもあなたの力が必要です。
どうか私のあらゆる願いと信仰による行いが、
あなたの力によって全うされますように。
あなたが再び来られるのを待っている間も、
私の生き方を通してあなたの御名があがめられますように。

イエス・キリストの御名によって祈ります。
アーメン。

8課

パニックに陥らないように

IIテサロニケ 2章

　長い歴史の中で、世の終わりの時期はたびたび予告されてきました。どの時も、予告された日が来ては去り、それを信じて従ってきた人たちは裏切られたと感じ、時には絶望して自殺する者までいました。

　世の終わりについての憶測は絶えず人々を惑わします。核の脅威、戦争、環境に関する不安が取り巻く中で、クリスチャンが正しい視点を持って、恐れにとらわれずに生きるには、何を知る必要があるのでしょうか。

　紀元1世紀には、イエスの再臨についての噂が飛び交い、誕生したばかりのテサロニケの教会に混乱を与えました。パウロは手紙の中で、間違った考えを正し、イエスの再臨の前に起こることについて教えています。状況は悪くなっていきますが、パニックに陥る必要はありません。彼らを召して栄光を授けられるイエスは、すべてを治めているのです。

＊今も世の終わりについて様々な憶測が流れていますが、あなたはどのような疑問や恐れを持っていますか。

IIテサロニケ 2:1-12

1　テサロニケの教会の人々は、パウロの教えをどのように誤解して動揺していたのですか（1－3節）。

　　注）「主の日」には様々なことが起こります。主がすでに来て、聖徒たちが主のみもとに集められている、という一部の人の声によって（2節）、教会の人たちは混乱しました。

2　彼らが聞いたことがどのようなことであったにせよ、パウロが3－4節で明確に言っていることは何ですか。

3 「不法の人」[不法の者]についてわかることを、その人物が現れる時の出来事も含めてすべてあげましょう（3-4、7-10節参照）。

注) 5-6節のことは、パウロがテサロニケに滞在していた時に口頭で教えたことです。

4 a. なぜ「不法の人」を恐れる必要はないのですか（8節）。

   b. 主イエスが「不法の人」を滅ぼす方法について、どのような印象を受けますか。

5 a. IIテサロニケ2章9-12節を別の訳でも読みましょう。

   b. 「不法の人」は、偽の奇跡やしるし、あるいは不思議な業を人々に見せます。なぜ、クリスチャンは、しるしや不思議な業に揺れ動かされたり、惑わされたりすべきではないのでしょうか（マルコ13章21-22節のイエスの警告を参照）。

   c. 「にせキリスト」[偽メシア]（マルコ13章22節）によって、現代の人々はどのように惑わされていますか。例をあげましょう。

6 a. 10-12節にある「なぜなら」、「それゆえ」[それで]、「それは」[こうして]ということばに注目しましょう。人の選択とその結果について、順序を追って整理し、自分のことばで言い換えてみましょう。

   b. 人間の選択と神がなさることとの関係について考え、気がついたことを分かち合いましょう。

7 a. 真理を受け入れない人々にはどのような特徴がありますか。

b. 以下の個所を読んで、私たちが信じていることについて自分のことばで表現してみましょう。

- 使徒の働き17章1－4節
- Iテサロニケ1章9－10節
- Iテサロニケ5章9－10節

IIテサロニケ 2:13－17

8 この段落に入ると、前の段落と比べて雰囲気がどのように変わりましたか。

9 パウロはなぜ、テサロニケのクリスチャンのことで、神に感謝しなければならないと感じているのですか。

10 救いに関して、神の側からの働きかけとそれを受け取る私たちについて、13節はどのように語っていますか。

11 a. 迫害や困難に耐えているクリスチャンに対して13－14節のことばは、どのような視点と励ましを与えていますか。

b. そのようなクリスチャンは、どのように信仰を守るのですか（15節）。

12 a. パウロは様々な問題を抱えたテサロニケのクリスチャンのために祈っています（16－17節）。パウロが祈りをささげている神はどのような方ですか。

b. パウロはテサロニケの人々の心が慰められ、強められるように祈っていますが、それは何のためでしょうか（17節）。

c. テサロニケの人々にとって「良いわざとことば」[善い働き、善い言葉] とは、具体的にどのようなものだと思いますか。この書から学んだことから考えてみましょう。

d. 現在のあなたにとっての良いわざとことばは、どのようなものですか。あなたの心と行いの両方に神の励ましが必要なのはなぜですか。

♣ まとめましょう ♣

　以下の点で、あなたに疑問や恐れがあるならば、この課で学んだことは、どのような助けになりましたか。

- 将来について
- 困難や苦難について

・祈 り・

父なる神よ、理解できない将来のことについて、
あなたを信頼して歩めるように助けてください。
信仰に堅く立って、偽りに惑わされないように導いてください。
主イエスよ、あなたが再びこの地上に来られる時、
あらゆる悪を滅ぼしてくださることを感謝します。

イエス・キリストの御名によって祈ります。
アーメン。

怠けないように
IIテサロニケ 3章

パウロは「働きたくない者は食べるな」といって、締りのない生き方を戒めました。そのような生き方は、教会や社会に悪い影響を及ぼすからです。

テサロニケの教会のある人々は、再臨が間近だからといって、仕事も辞めてしまいました。彼らは、負債の支払い期限の前にイエスの再臨があるから、もう支払わなくてもよいとでも考えたのでしょうか。または、裕福なクリスチャンが自分たちの面倒を見てくれると思ったのかもしれません。この人たちは、きちんと働いて自立した生活をすることより、伝道することの方が大切だと思っていたのかもしれません。

教会は怠ける人々をどう扱ったらよいのでしょうか。無視して関わらないでいるのがよいのか、厳しく対処するべきなのか、それとも働かない人々を教会が養うべきなのでしょうか。

パウロは、怠惰とそれが引き起こす問題について、教会を戒めました。そして、自らが働くことによって模範を示し、この問題に対する建設的な解決を示しています。

＊怠惰な生活はその人自身にとっても、また、その人が属する教会にとっても良くないのはなぜでしょうか。

IIテサロニケ 3:1－5

1　a. 第2章は、テサロニケの人々のための祈りで閉じられています。3章に入って、パウロは自分と仲間のために、どのようなことを祈ってほしいと頼んでいますか。

　　b. 祈りの内容から判断すると、パウロとその仲間は、どのような状況に置かれていますか。

2 a. 神がしてくださることと、人がすることは、どのようなことだと
言っていますか（3－4節）。

b. 神が悪い者から守ってくださるという約束は、あなたの人生にお
いてどのようなかたちで表されていますか。

3 a. あなたが、4節のように言われたならばどのように応答しますか。

b. なぜですか。

4 パウロは、テサロニケの教会に対して、5節のように祈り続けてき
たことでしょう。教会が、その祈りに支えられてきたということは、
どのようなことから分かりますか。

IIテサロニケ 3:6－15

5 a. 前の手紙では、パウロは怠惰な者（気ままな者）を戒めるよう勧
めました（Iテサロニケ5章14節）。今度の手紙ではどのような勧
告をしていますか（6節）。

b. パウロはどのような権威をもって命じていますか。

6 テサロニケにいた時、パウロたちは仕事をすることの模範を示しま
した。なぜですか（7－9節）。

7 「働きたくない者は食べるな」（10節）という原則は、なぜ大切なの
か考えましょう。

8 a. 11－13節にある2つの生き方をあげて比べてみましょう。

b. その生き方それぞれは、教会に対してどのような影響を与えますか。また、それを見る教会の外の人たちはどう思うでしょうか。

9 a. パウロは、6節で「締りのない歩み方をしている兄弟たちから離れていなさい」[怠惰な生活をしている兄弟を避けなさい] と命じています。14－15節では、それをどのように補足し明確にしていますか。

b. このように命じる目的は何ですか。

IIテサロニケ 3:16－18

10 a. パウロは、迫害されイエスの再臨のことで混乱している教会に対して、結びの祈りで何を強調していますか。

b. あなたは、どのような場合にこの祈りをささげようと思いますか。

注) パウロの直筆のあいさつは、受け取る人々に対して彼の誠意を表しました。

✤ まとめましょう ✤

1 この手紙の中のパウロの祈りから、あなたの祈りの生活に関して、教えられることや励まされることを探しましょう。

- IIテサロニケ 1章3節
- IIテサロニケ 1章11節
- IIテサロニケ 2章16－17節
- IIテサロニケ 3章1－5節
- IIテサロニケ 3章16、18節

2 教会は今も、働くことについてのパウロの模範と教えを必要としています。それはなぜでしょう。

・祈り・

父よ、価値観の多様化する中で、
生きる指針を失っている人々が大勢います。
どうか私たちに正しく生きることを教え、
悪のはびこる時代にあっても、
クリスチャンとしてふさわしく歩む勇気と力を与えてください。
あなたの愛と忍耐をより深く知ることができるように私たちを導き、
絶えずあなたの平安で私たちの心を満たしてください。
困難の中でも、あなたに忠実に仕える人を起こし、
私たちもそのような信仰者として歩ませてください。
御子が再び来られるのを待ち望みつつ、
この地であなたに仕え、
この時代に福音を伝えることができるよう
私たちを強めてください。

イエス・キリストの御名によって祈ります。
アーメン。

ヨハネの手紙　第二・第三

はじめに

　紀元1世紀の終わりごろ、使徒ヨハネはこれらの短い手紙を書きました。その当時、巡回伝道者たちは、信者を教え励ますために広く散在する教会を訪問していました。各地のクリスチャンは、巡回伝道者たちを家庭に招き、世話をしました。しかし、同じころ偽教師たちもイエスについての誤った考えを広めていました。そのようなわけで、ヨハネはこれらの手紙の中で、真理を伝える教師たちへの真実なもてなしを褒めると同時に、偽教師に気をつけるように警告しています。

真理と愛のうちを歩もう

ヨハネの手紙　第二・第三

10課

　争いが起こった時の対処の仕方は様々です。ある人は、問題に真っ向から向き合いますが、ある人は、何としても争いを避けようとします。間違いを明確にして正すことと、違う考えを持った人を受け入れることは、両立するでしょうか。

＊あなたは、問題が起こった時、どのように対処するタイプですか。

　ヨハネは手紙の中で、真理と愛のうちを歩むように勧めています。偽教師（人を惑わす者、反キリスト）についての警告やもてなしに関する教えは、今日にも通じるものです。

ヨハネの手紙　第二

1　ヨハネは、自分自身と手紙の受け取り手をどのように表していますか。

　　注）「選ばれた夫人とその子どもたち」とは、ある個人とその家族を指しているか、あるいは教会とその信者たちを指しているとも考えられます。

2　4－6節において、ヨハネが愛と命令［掟］について語っていることを整理してみましょう。

3　ヨハネは手紙の冒頭で真理を強調しています。それは、7節の警告を与えるうえでどのような助けとなっていますか。

4　クリスチャンは、どのような基準で、その教えが正しいかどうかを見

極めるのでしょうか（7節、Iヨハネ2章22－23節、Iヨハネ4章1
－3節を参照）。

> 注) 当時、教会にグノーシス主義を持ち込もうとする人々がいました。グノーシス主義
> では、霊は良いもので体は悪だと考えられていたため、イエスが神であり、また
> 同時に人であるということは考えられないこととして、否定されていました。

5 本や映画や人との会話の中で、イエスについて間違った考えを聞い
   たことがありますか。それはどのようなものでしたか。

6 あなたが真理と愛のうちを歩もうとする時、8－9節の警告と約束は、
   どのような励ましとなりますか。

ヨハネの手紙　第三

7 a. ガイオについて聞いていることは、なぜヨハネに大きな喜びをも
      たらしているのですか（1－4節）。

   b. ヨハネはなぜこの手紙でも、真理ということばを度々使って書い
      ているのだと思いますか。

8 5－8節によると、ガイオやその他の信者についてほかにどのよう
   なことがわかりますか。

9 あなたは、もてなすことに加え、ほかのどのようなことによって、
   教会の指導者や宣教師たちとともに働く者となれますか。

10 a. ガイオの良い模範とは対照的に、ヨハネはデオテレペス［ディオ
      トレフェス］のことを書いています。9－10節を読んで、彼に
      ついてわかることを全部あげましょう。

　　b. デオテレペスが今日の教会にいたら、どのようなことをしそうで
　　　すか。

11 ガイオ、デメテリオ［デメトリオ］、デオテレペスは、それぞれどの
　　ような人ですか。彼らについて書かれていることから考えましょう。

12 この手紙の受け取り手であるガイオにとって、「平安があるように」
　　という祝祷は、なぜふさわしいのでしょう（15節）。

♣ まとめましょう ♣

1 2つの手紙の中で、偽教師に対するどのような警告が語られていま
　　したか。

2 イエスを信じていない人々との関係作りや会話の中で、あなたは真
　　理に従い、また愛を表すのにどのような葛藤を覚えていますか。

3 これらの手紙から、真理に従い愛のうちを歩んでいるクリスチャン
　　の姿を読み取ることができます。ヨハネは、そのようなクリスチャ
　　ンを励ましています。あなたはここから学んだことを、家族や教会
　　の中で、どのように適用できますか。

父なる神様、私を惑わそうとする人たちから守り、
真理と愛のうちを歩むことができるように助けてください。
主よ、私にも名誉を求める弱さがあります。
あなたとほかの人に仕えることができるように助けてください。
人をもてなすことを躊躇してしまうことをお許しください。
時間や持ち物、また私自身を分かち合うことを通してあなたを愛し、
あなたに従うことができますように。

道であり、真理であり、命である
イエス・キリストの御名によって祈ります。
アーメン。

ユダの手紙

はじめに

　ユダの手紙には特定の宛先は書かれていませんが、問題を抱えていた初期のクリスチャンが読者であったと考えられます。

　伝統的にユダは、ヤコブとイエスの兄弟であると考えられてきました。ヤコブとユダは、イエスの兄弟として名前があげられています（マルコ6章3節）。イエスの兄弟たちは、イエスが地上におられた間にはイエスを信じませんでしたが、少なくともこの二人はイエスの復活後に信じました（ヨハネ7章5節、使徒1章14節）。ヤコブは、エルサレムにおいて教会の指導者となりました。

11課 信仰のために戦おう

ユダの手紙　1－16節

　　教会に集まる人々の中には、信者を惑わすような人が忍び込んでいることがあります。パウロ、ヨハネ、ユダは、そういう人たちについて教会に警告を与えています。今日でも、信者から搾取する高慢な宗教指導者たちが存在し、中には集団自殺をもって終わりを迎えるような集まりもあります。不敬虔な教えやふるまいを裏付けるために、聖書のことばが間違って解釈されています。ユダはそのような指導者たちの教えと生き方を注意深く見て、その誤りを見極めるよう教えています。

＊人々はなぜ、信仰と生き方についての間違った教えに惑わされてしまうのだと思いますか。

❇ ユダ 1 － 7 ❇

1　自分を紹介することばから、ユダについてわかることをあげましょう。

2　a. ユダはこの手紙を書いている相手のことを、どのようなことばで表していますか。

　　b. あなたは自分のことをクリスチャンとしてどのように表現しますか。ユダが使った３つの表現のように自分のことを考えたことがありますか。

3　ユダは、教会に危険が迫っていることがわかり手紙を書きました（3－4節）。ユダは、読者に対して何をするよう求めていますか。

4 「不敬虔な者」［不信心な者］（4節）たちが教会に忍び込んでいました。彼らは、「聖徒にひとたび伝えられた信仰」（3節）をどのように変えてしまいましたか。

5 a. 今日の社会で、神の恵みが誤ったあり方に取り違えられている例をあげてみましょう。

b. 教会が、イエスを「支配者であり主」（4節）としたあり方を貫くのにどのような戦いがあるか考えてみましょう。

6 a. 5－7節で、ユダは旧約聖書に書かれている3つの出来事を思い出させています。それぞれの出来事において、どのような罪と罪の結果が記されていますか。

〈出来事〉　　　　〈罪〉　　　　〈罪の結果〉

●

●

●

b. それぞれの出来事はどのように支配者であり主である神を否定していますか。

ユダ 8-16

7 それらの旧約時代の出来事を知りながらも、侵入者たちは教会の中でどのようにふるまっていましたか（8節）。

編集者注）9節の内容は、旧約聖書には含まれていない「モーセの昇天」という書に書かれていることです。ユダはこの手紙の読者がこの書についてよく知り、それに敬意を払っていることを前提に書いているようです。

8 ユダは、そのように問題を起こしていた人々のことを、旧約時代のどのような人物とその出来事とに重ね合わせて語っていますか（11節）。

注）関心のある人は、学びの準備の時に、以下の個所を読んでおくとよいでしょう。
● カイン ── 嫉妬のゆえに兄弟を殺害した（創世記4章1-16節）。
● バラム ── 欲深く、イスラエルをバアル礼拝へと誘導した者として知られる。
（民数記22章1-25章9節）
● コラ ── 神に選ばれた指導者であるモーセに反抗するよう人々を扇動した。
（民数記16章）

9 a. 12-13節をいくつかの訳で読みましょう。ユダは、その危険な人々を6つの鮮明な比喩を使って表現しています。それをあげてみましょう。

b. それぞれの表現から、彼らについてどのようなことがわかりますか。教会の交わりにどのような影響を与えますか。

注）初代教会時代の愛餐は、主の晩餐（聖餐）とともにもたれていた食事のことです。

10 a. 彼らは神を恐れないゆえに［不信心］、どのような言動をしていましたか（14-16節）。

b. ぶつぶつと不平不満を言うことと、大言壮語することは、なぜクリスチャンの集まりに悪影響を及ぼすのですか。

注）エノク書は、旧約聖書には含まれていません。7の編集者注を参照。

♣ まとめましょう ♣

1 今日のキリスト教会の中で、イエスについて間違った教えを聞いたことがありますか。

2 ユダは、教会に忍び込み、神の恵みのメッセージを変え、不敬虔なふるまいをしていた人たちのことを、強く印象的な表現で描き、注意を呼びかけました。あなたは、教会に入り込む間違った教えから、自分自身や他の信仰者をどのように守ることができますか。

・祈 り・

主イエス・キリストよ、
私たちは、悪いものは自分たちの外にあると思いがちです。
しかし、ユダが示している、
不信仰、不品行、嫉妬、欲望、プライドや権威欲が
私たち自身のなかにあることを認めます。
それらの誘惑と戦う勇気を与え、
正しい生き方ができるように力を与えてください。
あなたに栄光がありますように。

主イエス・キリストの御名によって祈ります。
アーメン。

自分自身を築き上げよう

ユダの手紙 17-25節・学びのまとめ

12課

　ふさわしいアドバイスを、必要なその瞬間に思い出せたら、何と素晴らしいことでしょう。「横断歩道を渡る時は右と左を見て渡りなさい」ということばは単純ですが、身についていると実際に危険から守られます。

　ユダはこの手紙の読者に、前もってアドバイスを与え、警告しました。それは、彼らを取り巻く霊的な危険に備えてほしいと思ったからです。

＊信仰に対する誘惑や疑い、また反対に直面した時に、誰かの忠告によって助けられたことはありますか。どのように助けられましたか。

　ユダは教会にひそかに忍び込んでいた危険な偽教師を詳しく描写しました。そして、信仰のために戦っている友人に対し、強い者も弱い者も互いにいたわり合うよう励ましました。また、ユダは、神が教会の必要とするものをすべて与え、イエスの再臨の時には、彼らを責められるところのない者として御前に立たせてくださるのだと、力強く語りました。ユダの教えと励ましは、今日の私たちに対しても当てはまることです。

ユダ 17-25

1　使徒たちが前もって語っていた「あざける者」たちとはどのような人たちですか。彼らにはどのような特徴がありますか（17-19節）。

2　実際に信仰をあざける人たちが教会に忍び込んでいた当時、使徒たちによって前もって語られていたことは、どのような助けになっていたと思いますか。また、あなたにはどのような助けになると思いますか。

3 御霊を持たず、生まれつきのままの人間であるあざける者たち［この世の命のままに生き、霊を持たない者］(19節) とは対照的に、クリスチャンはどのような4つのことをするように言われていますか (20−21節)。

4 クリスチャンは、「最も聖い信仰の上に自分自身を築き上げる」［最も聖なる信仰をよりどころとして生活する］時、三位一体の神 (父・子・聖霊) をどのように意識することができますか (20−21節)。

5 疑いを抱く人や間違った教えに惑わされている人たちに対して、どのような態度と行動をとるように教えられていますか (22−23節)。

6 間違った教えに引き込まれ始めている人を、あなたはどのように助けることができますか。

7 a. ユダの結びのことばから神について分かることをすべてあげましょう (24−25節)。

　　b. 「大きな喜び」［喜びにあふれて］とは、誰の喜びだと思いますか。私たちでしょうか。それとも神でしょうか。なぜですか。

8 この結びのことばから、神について、またあなた自身について、何か新しい発見はありますか。

❖ まとめましょう ❖

　あなたが神に仕え、イエスの再臨を待ち望みつつ歩む時、ユダの手紙の初めのあいさつと結びのことばは、どのような励ましとなりますか。

◆◆◆ おさらい ◆◆◆

　パウロ、シラス、テモテ、ヨハネ、そしてユダ。この人たちは皆、イエスが御力を持って再臨されるということを待ち望みつつ生きた人たちでした。今日のクリスチャンも、イエスが再び来られる時、最終的にはすべてをその栄光に満ちた力と権威のもとに支配するという確信を持つなら、不安定で困難の多いこの時代にあっても、信仰を持って歩んでいけるのです。その希望を抱いてイエス・キリストを愛し仕えていきましょう。

　この手引のサブタイトルは、「主を待ち望みつつ」です。イエスの再臨は、ある時には軽視され、またある時には過度に強調されてきました。しかし、どの時代のクリスチャンも、神が御力を持ってこの世界に介入される時が来るということを覚える必要があります。その時、すべてのものはひざをかがめ、すべての口が「イエス・キリストは主である」と告白するのです。

1　以下の聖書の個所を復習しましょう。それぞれの個所は、どのようなテーマで書かれていますか。教えられてきたことを語り合いましょう。

- Iテサロニケ1章9－10節
- Iテサロニケ2章19－20節
- Iテサロニケ3章11－13節
- Iテサロニケ4章16－18節
- Iテサロニケ5章1－11節
- IIテサロニケ1章5－12節
- IIテサロニケ2章8節
- IIテサロニケ3章3節
- IIヨハネ7－9節
- IIIヨハネ3－4節
- ユダ20－21、24－25節

2 イエスの再臨について学んだことで、あなたの生き方（価値観、恐れ、言動）は具体的にどのように変わりますか。

・祈り・

私たちを、つまずかないように守ることができ、傷のない者として、
大きな喜びをもって栄光の御前に立たせることのできる方に、
すなわち、私たちの救い主である唯一の神に、
栄光、尊厳、支配、権威が、
私たちの主イエス・キリストを通して、
永遠の先にも、今も、また世々限りなくありますように。
アーメン。

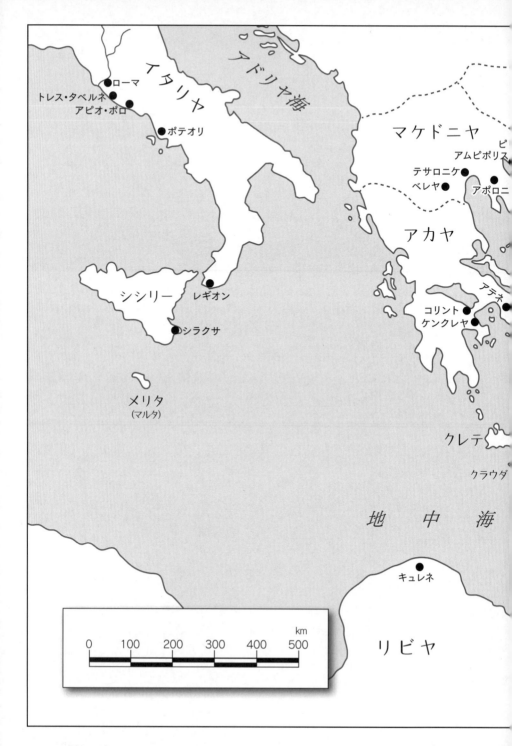

イタリヤ

アドリヤ海

ローマ
トレス・タベルネ
アピオ・ポロ
ポテオリ

マケドニヤ

ピ
アムピポリス
テサロニケ
ベレヤ
アポロニ

アカヤ

シシリー
レギオン

シラクサ

アテネ

コリント
ケンクレヤ

メリタ
（マルタ）

クレテ

クラウダ

地　中　海

キュレネ

km
0　100　200　300　400　500

リビヤ

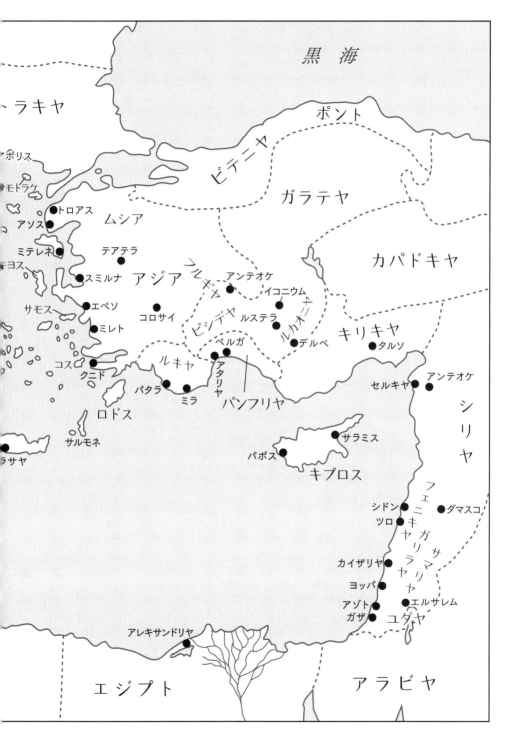

黒海

トラキヤ

ポント

ビテニヤ

ガラテヤ

ポリス

モドラケ

トロアス
ムシア
アソス

ミテレネ

テアテラ

カパドキヤ

キヨス

スミルナ
アジア
フルギヤ
アンテオケ
イコニウム

サモス
エペソ
コロサイ
ピシデヤ
ルステラ

ミレト
ルカオニヤ
デルベ
キリキヤ
タルソ

コス
クニド
ルキヤ
ペルガ
アタリヤ

パタラ
ミラ
パンフリヤ
セルキヤ
アンテオケ

シリヤ

ロドス

サルモネ

サラミス

ラサヤ
パポス
キプロス

フェニキヤ
シドン
ダマスコ
ツロ

サマリヤ
ガリラヤ
カイザリヤ

ヨッパ
アゾト
エルサレム
ガザ
ユダヤ

アレキサンドリヤ

エジプト
アラビヤ

テサロニケ I・II、ヨハネ II・III、ユダの手紙
── 主を待ち望みつつ ──　　　　　　　　　定価（本体600円＋税）

2013年4月1日　初版発行
2017年7月25日　第 2 刷

著　　　者　マリリン・クンツ／キャサリン・シェル

翻訳編集　聖書を読む会

発　　　行　聖書を読む会
　　　　　　〒101-0062 東京都千代田区神田駿河台2-1　OCCビル内
　　　　　　Website: http://syknet.jimdo.com

表紙デザイン　岩崎邦好デザイン事務所

印　　　刷　(宗)ニューライフ・ミニストリーズ 新生宣教団